＿＿＿＿＿＿＿ 님에게

　　　詩라는 그릇에 담긴 말들이
　　　지상의 어두운 그늘을 밀어내고
　　　　따뜻한 동행이 되고자
　　　　　이 시집을 드립니다

　　　　　년　　월　　일

여운 시집

■ 시인의 말

『유리구슬의 꿈』 시집을 내며

어머니와 같이 있었던 짧은 시간들, 초등학교 5학년 때 돌아가셨습니다. 50년대, 그때는 다들 배고프고, 어려운 시절이었습니다. 배고픈 어린 저를 어머니는 충족시켜 주지 못하였습니다. 또 어머니가 국밥 장사하는 관계로 7살 때부터 10살까지 외가에서 지내야만 했습니다.
초등학교를 3번이나 옮기면서 기존에 있는 학교 아이들의 텃세에 시달리기도 했습니다. 배고픔도 힘들었지만 가장 견디기 어려운 것은 어머니의 곁에서 잠깐 나눈 정이 너무 그리웠습니다. 그리고 갑자기 어머니의 죽음을 혼자 목격한 아들은 죽음의 현장에서 어찌할 바를 몰라 눈물만 뚝뚝…, 말로 다 할 수 없는 충격이요, 슬픔이었습니다.

시와 소설을 많이 쓰면서도 가슴 한 언저리에 응어리가 납덩어리처럼 붙어 외로움이 자리 잡고 있는 저를 발견하곤 했습니다. 그것은 마음 한구석에 언뜻 한 번씩 생각나는, 거머리같이 달라붙은 어머니의 정다운 얼굴이었습니다. 그래서 시로써 남겨 나의 마음을 비 내리듯이 후련히 씻어 내렸으면 좋겠다고 생각하였습니다.

소년은 가장 심오하고 깊고 어두운 것이 환상적이라 중독성이 심한 판타지의 유희를 꿈꾸며 춤추고 있다.
어느 날 빛 가운데 서서 유리구슬을 들여다보며 소년은 그 안에 비친 아롱아롱 무지개 오르골 별자리가 보이고, 푸른 바다

거대한 은하수를 향해 우주여행선을 운행한다.

투명한 크리스탈 구슬처럼 내부에 숨겨진 판도라의 보화를 찾아 멀리 헤매인다.
진주 안은 조개가 유성우를 품은 듯 그 아픔에 영겁의 세월이 비 맞아 모난 것도 둥글게 만들어 빛을 내고…
인간 세상 이전에 흑요석이나 이후 페니키아의 상인이 보이고, 불투명에서 투명한 유리로 세상을 밝혀주고 있네!
불면증에 시달린 누이의 동공이 소년의 눈과 마주치자 사르르 잠이 든다.
소년은 유리구슬을 안고 꿈을 꾼다.

― 시「유리구슬의 꿈」전문 〈첫 시집 『천마도』에서〉

2024년 9월 경주에서
시인 **여운**

여운 시집 / **유리구슬의 꿈**

시인의 말

1. 눈동자

눈동자	12	재회의 꿈	18
생명인 그대	14	촛불	20
아직도 당신을	15	임 고개 저편에	22
우산꽃 사랑	16		

2. 영혼 저편의 사랑

빈 곳	24	소망(所望)	30
사랑이라면	26	아기새	32
눈꽃	28	양떼 구름 뒤편에	33
빈처	29		

3. 여인의 강

여인의 강	36	이슬보다 못한 사랑	40
부끄러운 사랑	38	사랑의 꿈	41
안개꽃 자장가	39	장군교에 얽힌 사랑	42

4. 애가

애가(哀歌)	46	서천(西川) 내	52
봄꽃	48	실비 사랑	53
사계절이 눈 내린 지영 거리	50		

5. 아리랑 고개길

아리랑고갯길	56	울 손녀	62
그리움마저 떠나가는 밤	58	긴 밤 지새운 정	64
눈꽃 사랑	60		

6. 삶이 시

삶에 감사함으로	66	내 사랑 후포항	74
샘물같은 사랑	68	생명의 소리	76
생명의 비	70	벗	77
이별	72	풍란도(風蘭島)	78

여운 시집 / **유리구슬의 꿈**

7. 빈 배

빈 배	82	여심	88
복수초(福壽草)	84	아직도 내 사랑	90
사모친 그리움	86		

8. 나그네

금장대(金藏臺)	92	쉴 곳	98
못처울 징검다리	94	이슬 나그네	100
빈 의자	96	저 별 향해	102
원두막 사랑	97	질마재위에 핀꽃	103

9. 그리움

그리움	106	쥐꼬리망초	112
기적소리	107	풀잎 연가	114
거미소녀 빈방	108	초승달	116
연정(戀情)	110		

10. 작은 연못

작은 연못	118	애달픔	124
아직도 그대를	120	잎새의 햇살	126
계명성	122	아가야 그네	128

11. 유리구슬의 꿈

꿈	130	이슬 사랑	140
어머니의 강	132	임의 바람	142
겨울나무 당신	133	제비꽃	144
그대 빈들	134	선운산의 연가	146
쓰린 눈물	136	당신의 눈물	148
연꽃	138		

1. 눈동자

눈동자
생명인 그대
아직도 당신을
우산꽃 사랑
재회의 꿈
촛불
임 고개 저편에

눈동자

밝은 곳이라 어둠이 가까이하지 못하기에 허멀건 눈동자는 잠들지 못해 이리저리 뒤척였습니다

허물을 벗지 못해 어두운 가로등 밑에서 능사뱀 꼬물거리는 비늘같이 가엾은 새가 비 맞아 떨고 있었습니다

막차로 떠나지 못해 머물던 곳이 숨 쉬던 에덴 숲이었던 것을 미처 몰라 그 아이의 미련을 붙잡지 못하고 그대로 승차하는 것을 지켜보아야만 했습니다

달덩이 품듯이 끌어 안았던 것이 태초의 그림자 위에 동산의 꿈을 비추고 새들이 깃털 둥지 튼 포근한 미소가 지난 가시 박힌 눈동자였습니다

아기새의 새근거리는 숨소리가 꿈결처럼 흐르는 영롱한 눈빛으로 이 밤을 삼키기에 목로주점 곁으로 가까이 가는 그림자를 붙잡지 못하였습니다

광야로 질주하는 백마의 말채찍으로 인해 거친 신음들이 비손강* 언덕을 넘어 긴 엉겅퀴로 엮은 풀가시 밑으로 지친 영혼이 지나갔습니다

별들이 모여 쓴잔들마저 마시어 역하게 토하여 이리저리 구르고 있었습니다

죽음을 거친 나목에 매달린 가지들의 숨결이 봄의 씨앗으로 내리듯 저만큼 날리는 언덕바지 위에 걸터앉았습니다

    또다시 찾아온 수증기 오르듯
    아지랑이 고개 너머
    바람도 한몫 잉태한 눈동자가
    반짝이고 있었습니다

---

* 비손 강 : 「성경 창세기」 에덴동산에 흐르는 4대강 중의 하나

생명인 그대

오늘 하루
살아있는 것이 기적이네

틈새가 없는
시멘트 바닥 사이에도
새순이 올라온다는 것을

그대를 위해
자라면서 뜰 주위가
온통 푸른 바다 만들고
저물어 시들 때는
한 줌의 빛 거름 되리다

질곡의 늪에
죽음의 그늘이 있는 곳에
당신이 숨 쉬고 있으니

오늘도 당신을 위해
한 그루 사과나무를
심겠습니다

― 『아름다운 눈… 그리고 그 눈에 눈물』 수필 내용과 관련 시

아직도 당신을

아직도 남은
의욕의 날개는
당신을 부르는
이 새벽에
탄식의 노래에
몸부림인가

애끊는 사연들을
애써 부정하고 싶은
꿈의 부재인 것을

나를 감싸는
허공은
진한 사랑의 체취만 남아
멀리 있어
바라보아야 했으니

아직도 멀리 보내지 못할
이내 심정
가까이서 당신을

우산꽃* 사랑

비 오는 날이면
웅크린 봄에서
가까이 임에게 다가가
초록색 꽃 우산 받쳐
줄 거예요

봄들에는 새순으로
흔히 보이는데
가을에는
전혀 다른 불꽃색
꽃을 피우네

진주알 같이 까만 열매들이
작은 쥐똥나무 은하수로
불꽃 터트리듯
영롱한 빛을 발하는구나

별이 비추는 이 밤
임의 방 만들어
노란 산수유 둥지
꿈을 꾸어
작은 별아기도
품게 해줘요

내년 새순이 나면
별님도 초청할래요

* 우산꽃은 남천(식물)을 말한다.
* 꽃은 잎을 생각하고 잎은 꽃을 생각한다는 뜻의 '상사화(相思花)' 6~7월에 잎이 마른다. 꽃은 8월에 꽃대가 나와 길이 60cm 정도 자라며 4~8개의 꽃이 달린 우산모양꽃차례가 발달한다.

- 황성공원 숲 해설하면서 지은 시

재회의 꿈

네온사인 불빛의 아우성에도
어둠은 가시지 않고

흔히 지친 길거리에
길들인 고양이의 눈빛으로
다시 찾은 가로등의 빛 아래에
얽힌 옛 그림자여

지난 늪의 수렁 속에서
안간힘을 다해 본
나그네 여정이
밤바람 속에 잠깐 헤메이며

비굴한 허수아비 자화상들에 의한
고독의 몸부림이여

갈증에 메말라 찾아본
목로집의 옛 골목도

이날 잠을 청해
실낱같이 잡힌
추억의 그네로 날아

당신에게 가는 재회의 꿈이
동트기 전 살아나기를

촛불

당신의 초상(肖像) 위에
마주 보는 촛대의 불

지난 회상의 잔정
스치는 눈물들이

편린(片鱗)의 방울로
아쉬운 한 조각이어라

이제 한줌의 재가 되어
당신의 꿈에 영토로
가는 길

대속의 십자가로
날 붙잡지 않고
바람에 인계하는 것이
당신의
지난 애끊는 사랑인가

가슴 저린
회환의 바람결에
당신의 배에
촛불을 다시 켜
숨죽여 이 몸 실었네

임 고개 저편에

기억 저편에
라일락꽃 향기 피우며
당신의 미소가
강물 따라 흘러가네

미련 저편에
민들레 여름 내내
변함없는 수줍음이
찔레꽃 순정이어라

사모하는 저편에
가을 낙엽 따라
가는 뒷모습을
차마 바라볼 수 없었네

임 고개 저편에
지새우는 소쩍새
저려가는 긴 밤을
당신 그리워 그렇게도
울었는가 보다

2. 영혼 저편의 사랑

빈 곳
사랑이라면
눈꽃
빈처
소망(所望)
아기새
양떼 구름 뒤편에

빈 곳

꼬까신 신고 좁은 길
걸음마 이끄는 대로
흰나비 쫓아가며
길은 외줄기

잠깐 이 길이
꿈은 아니었던가

쓸쓸히 간 그 사람을
묵묵히 지켜보며
기다릴 수밖에 없고

침묵 속에
마침내 결핍함이
들어나
다 채우지 못한
눈물의 빈 곳이라

지난 못다 한
아쉬움에
속절없이 흐느끼네

사랑이라면

사랑이라면 모든 것을 잊게 스스로 물러 섭니다

먼 곳이지만 조금만 더 가까이 그를 바라볼 수 있도록 창가에 머물게 하고 떨어지는 나뭇잎 하나씩 마지막까지 세어 봅니다

사랑이라면 당신의 빈자리에 나를 있게 합니다

애써 지어보고 싶은 미소, 가슴에 맺힌 잔정들을 나무에 묻어 버리고 당신에게 머무는 바람입니다

사랑이라면 당신을 보낼 수 있도록 나를 비웁니다

그 숱한 사연도, 미련도, 당신이 원한다면 바람결에 흩어 버리고 쓸어버린 빈 마당 되어 지나가는 나그네로 돌아가고 싶습니다

임이 흔들리는 잎새의 사랑이라면 나의 가슴을 당신의 쉴 곳으로 내어놓겠습니다

있으면 있는대로 없으면 없는대로 당신의 숨소리만 있으면 족합니다

임이 가난한 토담집에 머문 사랑이라면 내가 원치 않는 것도 받아들이겠고 당신이 싫어한다면 버리겠습니다

잡고 있던 생명도 누리고 있는 만족도 당신이 원하지 않는다면 낮은 곳으로 물 흐르듯 흘려보내겠습니다

떠난 빈방에 다시 돌아와 지난 당신의 입김으로 채워 주기를

먼발치라도 포기하지 않고 곁에 머물게 애쓰는 것도 사랑의 몸부림입니다

    당신의 영혼 위에
    내 사랑의 흔적들이
    나비가 되어 맴돌게 해 준다면
    마지못해 숨 쉬는 당신의 숨결에
    옷깃을 여미며 감사하겠습니다

눈꽃

빈 들에 고독이라기보다
늘 곁에 있는 벗처럼
아늑한 앞들의 뜨락이어라

떠난들, 어딜가든
머무는 곳이
당신의 하얀 본향인 걸

겨울 나그네의 한구석에 있는
연정의 회한마저
눈 덮인 저 산봉우리에
눈꽃 되어
당신이 가져갈거나

끈끈한 잔정, 흔적들까지
바람 눈으로
소복이 쌓여 가네

빈처

촛불에 비치는
의연한 빈처

창틀에 어린
세월의 그늘에
눈물이 고여 있다

길은 한 길
내리는 햇살에
몸을 낮추었다

가지려는 애착에
골은 깊어져

이젠 비워서
품은 것이
회복으로 많아진다

침묵의 그림자 곁에
당신은

그제야 빛을 받아
밝은 샛문을
열어 주네

소망(所望)

찬바람에 숲의 1월도
홍조 띤 얼굴로 숨이 차지만
머플러로 가린 눈빛이
모질게도 지난 집착으로
응어리진 것에서 벗어나기를

팔을 벌려 앙상한 가지로
안아주는 생명들처럼
아지랑이 피는
소망 품은 계절의 운기를
기대며 달래봅니다

망상 속에
그나마 지푸라기 잡는 심정으로
이름 짓고 싶지 않아도
임은 항상 별빛 속에 밝혀
반짝거리며 다가오기를

스치는 바람 속에
머물 것들에 바라듯이
미련에 앞서 안주보다
지켜보는 당신을 위해
오늘도 숨죽이고
나아갑니다

- '마지막 여행' 소설 내용과 관련 시

아기새

가는 잎 잡지 못해
흔들리는 아기새
나뭇가지 끝 매달려
사랑 구애 몸부림이여

노을에 비친
여울물 쫓아
길새*로 나선 이 몸
갈 곳이 없어라

기다리지 않는
저 먼 낯선 거리에

황량한 바람이 불어
그나마 아기새가 날아와
날, 반겨 주네

* 길새는 황새로 알려져 있다.
* 화자는 길새를 나그네로 표현했다. 나그네는 홀로 가는 것 같지만 바람, 물, 빛을 대동하며 간다. 같이 가다가 흔히 접촉하는 풀잎 같은 인생이지만 삶에 머물지 못하고, 이 바람같이 떠나는 것은 나그네만이 가진 특권이다. 또, 기약 없이 떠난 나그네, 어렵지만 못다 한 재회를 하기 위해서 그 꿈을 잊지 않는다.

양떼 구름 뒤편에

꼬물거리는
양떼 구름 순결이
잔결 물결치듯
두른 병풍으로
길게 땅을 굽어 보며
비취 휘장으로
뻗침이어라

하늘 노을 빛 저편에
차마 바라 볼 수 없는
순결함이 둘러싸인
소록도에
마디 마디 절인자의
고통에 따른 신음들이여

아기의 애틋한
숨소리에 갇히어
떼어낸 십자가
가시 장막 이면에
새 생명이 움트고 있네

바라본 곳이
숨통을 틸 달빛이
토담집 위에
비친 저 별 빛마저
못다한 사랑에
같이 머물고 있네

3. 여인의 강

여인의 강
부끄러운 사랑
안개꽃 자장가
이슬보다 못한 사랑
사랑의 꿈
장군교에 얽힌 사랑

여인의 강

내 뜰안에 달이 떠
이미 슬픔은 시작되었네

펄럭이는 세월 나비 훨훨
그리움 내려놓고 날아가
이내 심사(心思) 두견새 울어
눈물 마를 일 없어
임의 물결에 띄우리다

재회 놓친 만큼 서러워
이별 아픔 그늘 많아
선운산 위 저 별빛이
아리아리 비추어 주기를

애달파 창가에 기댄 넋
빗물 내려 이 눈물
좌치나루터* 강가에
씻어 흘러가려나

- 「여인의 강」 소설 내용에 담긴 시

* 풍수로 꿩이 앉은 형국이어서 좌치나루터라고 한다. 옛 무장현(현 무장면)과 흥덕현(현 흥덕면)의 해안을 연결하는 나루로, 외부 소금장수들이 질마재를 넘어 무장현의 해변에서 생산되는 소금을 사러 다니거나 심원면 사람들이 부안면 난산장(알뫼장)을 왕래 길임.
* 시인의 바람: 좌치나루터의 강물이 여인의 강(매양공주, 진채선)이 바다(진흥왕, 신재효)와 만나는 곳이면 한다.

부끄러운 사랑

그대가 나를 부른다면
'기쁨'이지요

그대 빈 곳이
나로 메워지기를 원한다면
'영광'이지요

나로 말미암아
그대가 기다린다면
'꿈길'로 안내할 것입니다

아지랑이 피어나는
언덕에 놀고 있는
그대의 체취는
나의 '향'입니다

그리움조차
그대를 향한 머뭇 손짓은
나의 '부끄러움'입니다.

- 「애써 떠나지 못하는 영혼」 수필 내용과 관련 시

안개꽃 자장가

그네 따라 해바라기
실바람에 흔들흔들

지나가는 솔잎 바람이
불어 주던
자장노래에

울 동생 동그란 얼굴
앵두 입엔
함박웃음 활짝

실눈 감기며
스르르 몽실몽실
앙증맞게
안개꽃 피우네

이슬보다 못한 사랑

고개 너머 그대를
기다리는 죽음의 사슬인들
마다하겠는가

황홀한 불빛 쫓는
맹목인 나방인 난들
당신의 사랑 앞에
멈출 수 있으리

찾아오신 임이
떠나야 할 아침이
낙엽처럼 빨리 오건만

속절없이 보내야 할
이 내 신세
새벽이슬보다 못하리

- 「마지막 여행」 소설 내용과 관련 시

사랑의 꿈

사랑이 눈뜰 때
노을에 가린
저무는 푸른 구름에
설레는 빛도 눈부셔

눈빛 마주치기에는
너무 부끄러워

당신 주변에서 맴돌며
멀찍이 당신의 머리카락
내음으로 족하리

거친 풍랑에도
돛대 없는 배
힘에 겨워
바람 따라가고

타오르는 불길도
빛에 겨워
근심 벗으나
안식처인 빈 원두막
그대가 머물 곳 저 멀리

때로는 흔들리는 갈대
그 갈댓잎

당신의 깔자리 만들어
영원히 머물게
꿈을 꾸리라

- 「유리구슬」 단편소설 내용과
관련 시

장군교에 얽힌 사랑

어느날 휠체어로 주저앉아
애태우던 가슴에
채우지 못한
지난 날을, 그대를 향해
눈물로 메우리다

엮어진 슬픔들을 아쉬어
긴 짚신 만들어
당신의 발에 신기어
그 허한 인연
떨쳐 보내야 할
집시 사랑이여

당신을 향한 이름마저
영원히 이어 나갈 서천가

긴 철로 위에 장군교
아이들이 노는
천년의 꿈을 다시 걸치누나

내리는 빗물을 모은
쥐꼬리망초 눈망울이

장군교(將軍橋)* 위에 등불 되어
당신 가는 어두운 그림자를
반짝이며 비추어 주네

* 장군교 : 경주 서천에 있는 다리를 말한다.

4. 애가

애가(哀歌)
봄꽃
사계절이 눈 내린 지영 거리
서천(西川) 내
실비 사랑

애가(哀歌)

힘든 긴 낮을 때우고 지새우는 고적한 밤이었습니다

적막이 세상 빛을 덮고 어둠이 새날처럼 잠식되어 갔습니다

헤어 나오려 몸부림칠수록 침몰 되어가는 상념들이 유브라데*의 갯벌이었습니다

삶의 방향은 사라져 버리고 의미 없는 시간들에 가려 그리움도 메꿀 수 없는 당신의 빈자리에 황량한 바람이 스쳐 간 허한 허상일 뿐이었습니다

계명산 위, 새벽 별이 그 먼 곳에서 가까이 오는데, 또 하루를 비우는 아침 햇살에 이내 몸 부끄러워 고개 숙였습니다

애달픈 소꿉 인연의 지난 옛이야기 더듬어 잃어버린 뜨락을 찾아 옛인처럼 다가갈 수 없을까요

저 달이 다 비추지 못한 탄식의 환영(幻影)들을 뿌리치지 못해 가슴에 품은 별마저 애달픈 사연들을 기다림이라는 언어에 갇히었습니다

창살 같은 밤바람이 끝내 새벽이 오지 못하도록 이 밤을 붙잡고 있었습니다

* 유프라테스Euphrates 강은 고대 문명의 발상지이다. 성경에서는 과거 에덴동산에서부터 흘러나오는 네개의 강 중 하나로 기록되어있다.

－『여인의 강』장편소설 내용에 담긴 시

봄꽃

당신이 머무는 곳에
내가 있으리

봄바람이
임의 머리카락을 스쳐요

부드러운 입김으로
겨울 지내요

아지랑이 언덕으로
안내할게요

당신이 힘들어
신음하는 곳에
내가 위로하리

내 곁에 냉이 풋내로
방긋 미소 지을게요

당신의 빈 들에서
옛이야기로
속삭일게요

사계절이 눈 내린 지영 거리

춘삼월 매화꽃 지고
눈물 머문
하얀 찔레꽃 사연들이
해묵은 풍상(風霜)으로 지나간다

뜨락에 걸친 배꽃 사계절이
겨울같이
새순 어린 바람결에 스친
함박눈 내린 지영 거리이어라

아침 햇살에 반짝이는
옛 셔블 골목
찬란한 고택 처마 밑에 달린 인경이
저만치 에밀레 소리에 곁들어
지난 애를 울리누나

무던히도 여름 초승달이
피어대던 손시양(孫時揚)*의 눈빛이
어린 정려비(旌閭碑)*를 지나

동쪽 해를 등지고
지영* 우물에서
김이 무럭무럭 자라
옛 임의 향기로 피어 호소하네

* 지영 : 신라의 숭혜전 부근에 지영다리와 지영우물이 있었다.
* 숭혜전 서편 골목길 삼거리에서 서쪽에 효자비 쪽으로 내려가는 골목이 마치 사계절이 눈 내린 것처럼 보인다.
* 손시양(孫時揚) 정려비(旌閭碑) : 보물 제 68호, 경상북도 경주시에 있는 고려후기 손시양의 효행에 관해 기록한 정려비.
* 지영다리 및 지영우물 : 경주 중리 지영달 마을과 숭혜전 사이에 있는 다리. 성내에서 숭혜전에 행사를 지내려면 반드시 이 다리를 건너가야 하므로 임금을 맞는 것을 비겨서 지영다리 혹은 지영교라 하였다.

서천(西川) 내

서산모연(西山慕煙)의 붉은 그림자
길게 늘어놓고
피어오르는 꽃향기 물폭풍

돌아온 연어 산란하기 위한 몸부림이
연분홍 물보라 빛 따라
반사된 물결 위로 뛰어오르는구나

겨울 물길에 취한 청둥오리
한적한 곳으로 날아가는데

저 멀리 전설 실은 강물이
어디에서 또 사연 낳고
눈물 뿌리며 흘러가누나

---

* 서천(西川) : 경주에서 서쪽으로 흐르는 강을 말한다.
* 삼기팔괴(三奇八怪)는 경주의 세 가지 진귀한 보물과 8가지 괴상한 풍경임. 팔괴 중 서산모연(西山慕煙)의 서산은 선도산인데, 석양이 비친 노을이 빼어나 서산모연이라 함.

-「유리구슬」단편소설 내용과 관련 시

실비 사랑

앵두빛 창가에
고운 실로
엮은 가랑비

똑똑 두드리는
밀어에

수줍어 발을 쳐
여린 가슴 떨려
옷깃을 여미네

5. 아리랑 고개길

아리랑 고개길
그리움마저 떠나가는 밤
눈꽃 사랑
울 손녀
긴 밤 지새운 정

아리랑고갯길

가야금 가락의 옛 흥취에
지난 쪽샘의 골목이
나그네로 목을 축이는구나

달빛 향해 휘돌아
첨성대의 별빛 쫓고

바람결에 풍경(風磬)에 젖어
임의 발자국 따라

하루 머문 곳이
당신과 같이 한
철로 밑 서편 여인숙,
이방이었던가

이 밤에 맺을 풋사랑이
이젠 꿈 깬
빈 목로(木壚) 그늘이었네

박속같이 하얀 밤꽃에
취한 당신과 같이

아리랑고갯길*을 거닐며
그날, 옛정 그리워

반월성에서
남천(南川) 너머
천관사지터 위에
별을 보니
이 밤이 밝도록
지난 당신이 사무쳐
흐르는 남천을 끌어안는다

새벽빛이 반월을 그리며
저 동녘 성을 밝혀
가까이 오라 재촉하는데
못 이겨 떠나는 나그네

도담산을 향해
징검다리 건너는데
옆 친구의 월정교가
등불을 밝혀주는구나

상서장 위
옛 천년의 전설을 비운 곳에
성스러움에 따라
계단 위로 오르는 나그네

저 별빛 저문 석양도
다시 돌아갈
아리랑고갯길 찾지 못해

가는 길목 황리단길에서
나그네는
시름만 깊어가는구나

* 경주에 아리랑고갯길이 있었다. 옛 선인들의 전언에 의하면 대릉원을 가로질러 개울이 있었고, 개울을 건너 쪽샘 쪽으로 향하는 길이 아리랑고갯길이라고 했다. '아리랑'은 가슴이 아리도록 사무친 그리운 님이라 할 수 있다. 박혁거세(朴赫居世)의 부인 알령(閼英)이 태어난 곳이 경주 '아령천'이며 그녀는 후한 은덕을 베풀어 주위로부터 칭송을 받았는데, 때마다 사람들이 '알령', '알령'한 것이 음전하여 '알리령'이 되었고, 여기서 다시 아리랑으로 되었다는 알령설(閼英設)이 있다.

그리움마저 떠나가는 밤

그 사람 그리워
잠 못 이루는 이 밤

창가에 비추는 달빛이
이 사람 눈물을
대신 흘려주는가 보다

스치는 바람이
비애(悲哀)로 같이
애달파
이 밤도
풀벌레 지저귀는데

이슬의 향기
가슴에 젖어
묻히는 것은
밤새 임이 오시려나

날 목메도록
잠기게 하는 비에
고독의 그림자가
창가에서
길게 새벽이 되도록
두드리네

눈꽃 사랑

눈 밟는 뽀드득 소리에 그대인가
사립문을 열고 내다보니
아기노루 지나가는 발자국 소리였네

찬 설에 묻혀 고개 내민 그리움은
저 강을 넘어온 황량한 바람이었던가

별일 없이 정처 없는 길도 눈 덮여
지난 아픈 사연의 발자취 지워진들
어머니의 모진 눈물 자국은
지워지지 않으리

하얀 수건 두른 어머니 얼굴
뿌려진 눈발로 송이송이 맺혀지네

잔주름에 얽혀
땀 흘린 등골에
당신의 허리는 세월만큼 굳어지누나

잠깐, 동면의 새가 눈뜨기 전에
빈들에 살포시 머문 눈꽃이
바람결에 저 멀리
당신의 곁으로
가까이 가는구나

- 「마지막 여행」 소설 내용과 관련 시

울 손녀

앙증맞게
새뽀얀 입을 오므린다

더없이 맑은
아기 울음소리가
그치자
이내 응얼 응얼 배시시

방싯 웃는
초롱초롱 눈망울이
안아달라는 몸짓

이대로 크지말고
그대로 있으려무나
아니야, 아이를 위한다면
날로 더욱 자라
성숙하도록
바람이어야겠지

아가야 작은 얼굴이
보조개로 방긋하는 것이며
초롱히 빛나는 눈망울이
별꽃이어라

쓰러질듯 아장 걸음으로
손짓하며
방긋 입술로
조잘거리는 호령은
천지를 울리는구나

긴 밤 지새운 정

끝내 버리지 못한 정
저 달무리에 묻히어

구름에 비친 개울 되어
묵묵(默默)히 흘러가누나

저 달에 가려진 너의 별
날 위해 얼굴 드러내고자

애태우던 눈물이
저 별이 기울도록
덧없이 긴 밤 지새움이여

창가에 풀벌레 옛 사연
길게 읊어
이 마음 달래주려나

끝없는 미련의 빛 끝자락이
새벽이슬 맞도록
길게 당신을 붙잡는구나

6. 삶이 시

삶에 감사함으로
샘물같은 사랑
생명의 비
이별
내 사랑 후포항
생명의 소리
벗
풍란도(風蘭島)

삶에 감사함으로

생명이신 당신이여

감사가 나의 삶에 방편이 되게 하소서

오늘의 삶의 자리에 안주의 멍석을 깔게 될까 두렵습니다

땀 흘린 감사의 의미를 되새김하는 나날들이 되기를 원합니다

절망이 감사함으로 구름 뒤에 가린 빛을 발견하는 눈을 주옵소서

성취가 감사함으로 어둠 속에서 눈물을 삼키는 자를 기억하여 주옵소서

불안이 감사함으로 자정할 수 있는 능력 주시기를

위기가 감사함으로 기회를 이용하는 혜안을 주옵소서

지탄이 감사함으로 초연할 수 있는 안정을 원합니다

가난이 감사함으로 비어질수록 채워지는 영혼의 풍요로움을 주옵소서

욕심이 감사함으로 버리는 데서 오는 자족의 비결을 주소서

시련이 감사함으로 연단에 이르는 인내를 원합니다

미움이 감사함으로 먼저 남을 배려하고 용서에 이르는 사랑을 주옵소서

    아픔이 감사함으로
    영의 눈을 들어
    매사(每事)에 초월하는 성숙에 이르기를

- 100감사 기고문 내용과 관련 시, 최우수상 (대상) 경북일보

샘물같은 사랑

앞만 보고, 숨가쁘게 살아온
세월의 늪에서

잠시 머무는 바람처럼
긴 겨울을 지나
빛이 쪼이는
애정의 그늘이
다시 찾아오네

봄이 오면 흰색
뜨거운 여름이면
노란색 꽃으로
절정을 이루나니
인고에 인동꽃이
내년에도 다시 피겠지

잠결에 설친
단칸방에 당신과 시름은
아직도 남아 있는지
손에 잡은

옷자락 놓치고 싶지 않아
꿈 깨지는 말 것이지

세월만큼
먹은 나이에
산길 오르고 내리고
하는 것은
조절할 때도 되었건만

물결 따라 실려 가는
바람 같은 사랑이어라

이제 나무처럼 허욕 없이
지켜보는 무상의 임에게
이 몸 맡기리라

생명의 비

때로는 지난 사연
그리워질 때는
애쓰지 않아도
지워져 가는
눈길 걷고 싶어

시절 찾아
오는 민들레
쓴웃음에는
떠나야 할 곳에
바람 의지하리

꽃 지고 열매 떠돌아
묻힌 날이 있으면
오랜 인고의 세월
헤치고
빛 받아
다시 태동하리니

벼락 치는
먹구름 세상에도
이 천박한 땅에
생명의 비
당신이 내려주오

이별

사랑이라 말하기는
너무 떨렸지
이성에서 판단하기는 어려워
꿈속에서 당신을 재촉했네

흔들리는 그대
가녀린 어깨
긴 머리 사이로
눈물이 바람결에 향내로
젖어 드는
달빛 밤이었어

이 생명, 당신과 함께
인연을 노래하리라

별빛이 당신을 위하여
이 밤에 밝혀 주려는데

이별이 싫어
서럽게 우는 풀벌레도
아침 이슬에 비친
당신 눈물에 비하랴

아쉬워
가는 임의 발걸음
꽃잎 뿌려
고이 보내리다

내 사랑 후포항

비취빛 해조음이 길게 쌓인
해변의 물결이
어제의 내린 두레박 달빛처럼
노을로 덧없이 흘러가네

창밖을 가리는 새벽녘 안개들이여

수평선 끝 닿는
오징어잡이 배의 불빛을
향해 나아가기를

해당화로 당신과 맺은 인연
한 줄 편지로 헤어질 시간이 가까이와
애꿎은 파도는 철썩거리며
눈물로 지워가누나

당초 내 것이 아닌 사랑이기에
보내는 것에 미련 없어
바람 실은 비단 물결마저 묻히어 가기를

눈뜬장님처럼 지나가는 갯배도
머물지 못해
안달하는 휘라포(徽羅浦) 물결이여

파도 실은 당신의 사랑이
무심한 바위에 쉴새 없이 부딪쳐
이내 가슴에 쌓인
모래성이 흩어져 흘러가는구나

밤이 지나면 타인될 수 밖에 없는
객인(客人)은
떠도는 등대 불빛 따라

아직도 당신이 오기를
길게 이 밤을 촛불로 밝히리라

- 여운의 장편소설 「'머플러와 반지'에 담긴 시」.

생명의 소리

풀 동무들의 노래가
아지랑이 동산에서
들리잖아요

당신의 향기 있는 곳에
내가 숨을 쉬리

포근한 꽃잎 바람으로
볼을 감싸 줄게요

눈을 감고 들어봐요

노고 지리 지저귀는
당신의 고랑에
생명의 소리가 있잖아요

벗

바라보면
사랑에 눈을 뜨게 되고

가까이 가면
친구가 되고

어깨동무하면
우정이 되고

안으면
쉴만한 벗이 되어

그대를 위해
노래하리라

풍란도(風蘭島)

부두가에 서서
말 못하는
망부석의 소녀 시야에
옛 임을 실은 배가
저 멀리서 가물가물

선창의 한편에
돌아온 풍란(風蘭)이
바람을 헤쳐
혼신의 힘으로
당신에게 가건만

기다리는 세월을 못이겨
알알이 맺혀
눈물 뿌린
애잔한 연인의 꽃잎마저
하나가 되지 못하고
서로 섬(島)이 되어
바람결에 멀어져 갔네

섬 아씨 한쪽 구두신이
바다 물결에 밀려와
애타게 기다리며

돌아온 임에게
안기는구나

* 여수의 풍란도(섬)을 배경으로 한 시. 풍란이 많이 자랐다고
해서 풍란도(風蘭島)라 함.

7. 빈배

빈 배
복수초(福壽草)
사모친 그리움
여심
아직도 내 사랑

빈 배

아기 섬 그늘 젖은 갯벌 위 징검다리 건너 머문 곳 이, 저 좌치* 강물에 비친 그 어디 메(산)인가

달구지 빈 수레 끌고 비린내 나는 소금 더미 속에 조개 품은 꿈, 시절 쫓아 뒤적였네

비어지지 못해 부딪쳐 온 잔혼(殘魂)에 매여 거센 물살에 채울 수밖에 없는 연명(延命)이 다 부질없는 빈털터리의 영혼인가

비비며 버티온 몸부림의 끝은 너저분하게 흩어져 취한 빈 병들의 잔재(殘滓) 뿐일세

찌든 삶에 얽혀 사랑마저 끝내 미련은 되씹고 싶지 않은 빈 잔에 흐르는 눈물이어라

어제 일에 오늘도 헤매며 떠나 온 것에 고요히 정적 (靜的)의 사선(死線), 가운데 서서 집중하여 부른 허허 로운 노래였던가

외로운 빙점(氷點)을 지나 피안(彼岸)의 뜨락에 돌아와 본 곳은 그 어디든 고독 실은 빈 나루터

    달빛 그네 바람 실어

    옛일 되돌아 품고

    지친 타향 건져 걸친 빈 배

    계명산 저 애기 별빛 따라

    노를 저어 나아간다

* 좌치나루터 : 고창에 강물과 바다가 만나는 곳.

- 「여인의 강」 장편소설 내용에 담긴 시

복수초(福壽草)

혹한 눈바람에서
견디며, 줄기의 외모에서
비친 당신의 정절이
청순한 노란 꽃봉오리 위에
떠오르는데

크노멘* 당신이
눈 속에 숨지 않도록
밤새도록 빗자루로
눈 주변을 쓸고 간
발자국의 사랑을

구멍난 빈 가슴처럼
아직도 당신은 잊고 있으니

해걸이 뒷동산에 걸린
저 별을 바라보며

슬픈 추억에 연연하지 않고
복수초(福壽草)가 되어
아침을 기다리는
당신은 정녕 고독의
노란 순결녀인가

여명 위에 비친
노란 꽃 선반 위에
못 잊어 눈물이
절절히 그리움 되어
빈 잔에 쌓이는구나

※ 크노멘 : 옛날 하늘나라에 '크노멘'이라는 공주가 살고 있었다. 하느님은 공주의 배필로 '두더지 신'을 골랐다. '크노멘' 공주는 못생긴 두더지 신은 죽어도 싫다고 했다. 화가 난 하느님은 공주를 한 송이 꽃(복수초)으로 만들어 버렸다.

사모친 그리움

빗방울이 스친것도
내 몫이 아니라고
가지를 흔들어
표정 지으며
그냥 당신을
보내는 것을

지나가는 바람도
인연이라고
가슴에
잠깐 머물게 하리니

누구 이름이라고
정하지 않고
물결 흔들려
상처 지우며 무엇에게도
발자취
남기지 않으려 애쓰네

눈길 걸어가는
뒷모습도 떠남 없이
그냥 머물러
여기까지 왔던 것이니

일상에서 잊혀진
지난 동행이라면
그리워할 필요 없이
잊고 가리라

　　　　－「애써 떠나지 못하는 영혼」수필 내용과 관련 시

여심

푸른 날보다
흐린 날이 많았으나

그이와 만남은
짧은 라일락 향기요

긴 무지갯빛
여울물이어라

잊을 날보다 잊기 위한
영롱한 날들이 지난
꽃구름 같으랴

한시도 못 그리워
애태우나

홀로 쉬고 싶은 날들이
낙엽 바람 되어

당신의 품 안이
뒷들에 봉선화 품고

길가에 머물던
잠깐 안식처였던가

하늘이 이 땅 되어
영원히 머문 곳이면
당신과 합장되어
이젠 편히
잠자고 싶어라

아직도 내 사랑

초록 계절이라
당신과 번갈아
버들피리 불며
달맞이 가자꾸나

당신이 뿌린 것
내가 거둘 것이요
내가 심은 것
당신의 빛이
여물어 줄 것이요

보고프지만 부끄러워
당신의 머플러로
입 가려
달려가야지

그리워하지만 수줍어
당신의 손수건으로
얼굴 가려
몰래 다가가야지

# 8. 나그네

금장대(金藏臺)
못처울 징검다리
빈 의자
원두막 사랑
쉴 곳
이슬 나그네
저 별 향해
질마재위에 핀꽃

금장대(金藏臺)

서천 배꽃위에 핀
차디찬 영혼의 그림자

마침 꽃비를 내려
지난 그리움으로
애를 태우네

기러기 날개로 두룬
애기청소(涯岐淸沼)의 등꽃
보라색 꽃물을 이루며

물밑으로 흐르는
을화소녀의 애곡이
나그네의 시름을
달래네

저 멀리 뵈는
소금강산을 둔
강나루에 핀
철쭉꽃잎 위에

눈물 뿌린
별빛 사연을 실고

금장대(金藏臺)는
말없이 흘러간다

* 경주에 있는 전설의 금장대를 배경으로 한 시.
(유리구슬)소설과 관련시.

못처울 징검다리

잠시 못처울* 징검다리에
건너던 나그네가
옛 향취에 취해
가물거린 등불 아래서
첫 눈길로 머무는구나

그 날에 별들이 노니는
길목이라
천년에 핀 보양비를
담은 소반에
전설 이야기까지 곁들어
무던히 띄어 흘려 가네

어디선가 코를 찡긋하는
산수유 꽃 향기가
바람에 실어
아련한 옛 임을 부르니

뜨거운 입김마저
찻잔에 머무는
짧은 시간까지
나그네는
아쉬어 길게
녹여 가는구나

* 못처울 : 경주 대릉원 동편에 개울이 있었다. 옛 인들의 증언.

빈 의자

창틀에 얽매인
빈 의자 위에
눈물이 고여 있다

촛불 켜고
배회한 길
마침내 내리는
빛살에
바랜 무릎을 꿇는다

웅켜쥐면 쥘수록
허물의 늪은 깊어져
이젠 비우니
은혜가 늘어 난다

사립문 밖
까치 소리에
깬 빈 의자는
창틈으로 빼긋이
내민 햇살을
시리게 바라본다

원두막 사랑

그대 빈들에
이슬 먹은 들새인가

당신은 돌아오는 세찬
동그라미 여울 물결인가

스치는 한줌의 바람인것을

같이 별을 세는
원두막(園頭幕)에서
당신의 옷깃 스친 가지에
지난 숨결 들어 보려나

-『유리구슬』소설 내용과 관련된 시.

쉴 곳

이슬 바람 채이듯
아침,
여명(黎明, dawn)의 발자국
뒤로하고

내리 비추는
달 빛의 그림자
길게 개울, 여울져
같이 가자 하네

저 계곡 초가 불빛이
물 안개 가리워 희미한데
물길 따라 흐르는 방랑자
어디에도 쉴 곳 없네

초로의 길가에
풀 내음의 향기가
미소로 번져
저만치 눈짓에
설레임이어라

사위질빵 흰 별꽃들의
손짓인가
무거운 나그네의 발걸음
갈 길을 멈추게 하네

이슬 나그네

달빛 젖은 촌로 굴뚝마다
내음 짙은 석양그림자
길게 늘어놓고

이 밤 나그네 머물 곳에
애써 인연 몸부림 되어
쉼이 있기를

지난 매연 영화(榮華)
스친 바람같이
한낮 꿈자락 이었던가

생명을 부지위해
진실도
정의도
버려야 했던 지난 부끄러움들

비린내 나는 것들을 사랑했던 짐을
이젠 이 땅위에 묻히고 가리라

찬 이슬에 채인 발걸음
잠깐 쉴 풀벌레 목로
찾아 가야지

칠흑 새벽녘
계명성(啓明星) 별빛 의지하여
가는 이슬 나그네

거센 물결위
징검다리 건너는 데
들리는 어머니의 다듬이 소리는
애써 외면하고 가야 할 길
돌아 갈 길도 저만치

저 별 향해

마후라를 두르도
속에 끓는 잔 기침은
만나야 할 사람을
멀리하며
홀로 강변을 걷는다

신음하며 매달리던
긴 겨울
이팝 가지 끝에서
되돌아 보는 미련이

이젠, 그날을 위해
언제나 변함없이
그 자리에 있는
새벽별을 더듬어
길을 간다

질마재위에 핀꽃

그냥 나비 되어 살다가
강가 씨뿌리며
가다가 숨은 질마재* 위에 핀꽃

질경이 같이 밟혀 견디며
오베이골의 생에 모진 세월이여

고창읍성 빈수레 위에 걸친 잔정마저
끝내 바람이어라

좌치 나루터 강 빛에 비친
석양을 등에 지고 되돌아 온
꿈같은 운곡마을의 전설도
영원을 맹세한 할매바위 벽에 서원도

떠돌다가 훨훨 묻힌 고인돌위에
옛 그림자 일 뿐일세

* 질마재 : 고창에 있는 명소임.

－「여인의 강」장편소설내용에 담긴 시

9. 그리움

그리움
기적소리
거미소녀 빈방
연정(戀情)
쥐꼬리망초
풀잎 연가
초승달

그리움

당신은 강인가?
지나가는 바람인가?
스치는 한줌의 흙인 것을…

지난 아지랑이
꿈의 언덕에서
당신의 머릿결 바람에
묻히려나!

철쭉꽃잎 물흐르듯이
터지는 꽃망울 이슬처럼
아침을 기다리는 영롱한 빛,
그 자태, 그리움…

수줍어 숨은 달개비,
기다리다 맺힌 눈물이
끈적 끈적한 바람 되어
당신 곁에
가까이 갈 수 없을까요?

기적소리

이슬에 향기
가슴에 젖어
묻히는 것은
밤새 임이
오려나

저 멀리 애꿎은
기적소리가
떠나 가는데

같이한 체취
남은 이 밤마저
당신이
가져 가려나

거미소녀 빈방

창가에 비가 내리면, 잠결에 문득 생각이 나서 아련히 설레임에 애써 꿈이 아니길…

거미 창틈으로 밝게 실로 미로를 만들며, 동그랗게 꿈의 방을 짓고, 누굴 기다리는가? 거미소녀여!

기다리는 주인공이 생과 사에 갈림길인데 어찌하랴!

나그네의 방은 먹구름으로 가리고, 어느듯, 당신의 오렌지 방에 빛이 젖어 드는구나!

창가에 무지개 뜨는 은하수 속에 에덴방, 이 밀어 방에서, 당신이 원하는 것으로 채워 주리라!

지난 꿈이 전설이 되고, 미로 속에 당신만 있다면 족하리…

헤매이며, 액정같이 젖어 깃털 같은 나를, 우산으로 바쳐준 당신, 어디로 가는지? 우리는 몰라! 비속을 마냥 함께 거닐었네!

　　지금도 당신 체취가
　　이 방을 채워 주고 있는데…

　　어디선가 날 잊지 못해
　　동그랗게 별방을 만들어
　　기다리고 있는가?
　　그대여!

- '유리구슬' 단편소설 내용과 관련 시

연정(戀情)

꿈길 받아 고이 깰까?

너를 잡던 옛 줄 엮어면
마디 마디 쓰리던 손가락연정
지워지지 않으리…

저고리 눈물 훔치며
바라보던 동구밖 언덕…
서럽게 울던
뻐꾸기 당신인가?

머리카락 창포잎 수놓아
얽힌 사연,
가슴 애달파 쓰러 담던
사랑 잊으리!
애써 묻혀 버리리랴!

고무줄다리 꼬아 뛰며
부르던 맵시 소녀!
새 나라 어린이 동요,
고무줄 몰래 훔쳐 보며
시절 끓던 동무, 그 머스마!

떠나지 못해
가슴 옷고름 놓고 싶지 않아
보내지 말지…

서낭당 산신 가지 붙들며
애걸 처녀!

저 달 지면 행여 올까나!

— '유리구슬' 단편소설 내용과 관련 시

쥐꼬리망초

햇살이 시린지
바람 안은 작은 몸이
금 쟁반에 구르는
영롱한 구슬꽃이어라

비를 맞아 오들 오들
얇게 심정을 내어 둔 채

가을 문턱에
잔 이슬 채우는
속탄 작은 가슴을
이내 앙증맞게 꿈틀거리네

다리끼 낀 눈
그냥 애태움에
분홍 눈짓 반짝이며
작은 속내 방긋 드려낸다

마침내 바람 불어
보랏빛 향기
임에게 가도록
다독이며 파르릇 떠네

베게 맞대며
함께 별을 보던
창에 어린 그 사람

옛 그림자 그리워
아기 쥐꼬리망초*의 수심망에
어린 눈물
방울 방울 떨어지누나

---

* 쥐꼬리망초 : 한해살이로 4월에 발아하며 바로 서서 자라지만, 줄기 아랫부분에서 가지가 갈라지고, 부분적으로 지면을 긴다. '쥐꼬리망초'는 탄생화로 '가련미의 극치'라는 꽃말을 갖고 있다. '쥐꼬리망초' 꽃말의 의미는 "당신을 지켜주는 늠름한 사람이 바로 평생의 반려자입니다"라는 의미임.

- 경주 황성공원 숲해설하면서 지은 시

풀잎 연가

당신이 떠났는데, 난, 왜 오래 빈자리에 머물지요!

돌아서서 애써 당신의 시선이 아직도 날 바라보기를…

만져주도록 솔향기도 불어주오!

씻어주도록 빗님도 내려주오!

묻히어 열매 맺도록 해님도 비추어 주리리!

향기 맡아주오! 벌들도 춤추워 주오!

세속인들도 밟아주고 심어 주리니…

작은 것이 잘못된 것이 아니야! 엉겅퀴가 크지 않니?

볼품 없어도 불완전한 것이 아니야!

신이 좋아하는 당신이 아름다운 꽃이요, 풀잎인 걸…

가치 없어도 옆에 친구도 생명으로 이어 나아 가는거야!

기다려 줌으로 결실을 맺어주는데, 당신이 귀한 거라네!

이슬 머금 눈물도 성숙으로 나아가기 위함일세!

절정에 이르는 애씀도 아픔이 따르기 마련이네!

순리라는 것에 물 흐르듯이 맡기는 그대여!

순응하는 것에는 지나가는 바람에게도 의지 하리니…

   질서라는 것은
   들길에 풀잎들도
   사랑하고, 바람불면 노래하며
   아기풀도 낳고
   기뻐하는 비결이라네!

초승달

툇마루에 걸쳐 앉아 본
초승달이
눈썹그린 서산 위에
동그랗게 떠있네

엄마 잃은 아가야
울다 잠던 눈물자국에
서천 저녁별이 초롱초롱
적셔 있구나

강아지 짖어
사립문 인기척에
설레어 문 열어보니

달빛 젖은 해거름이
나뭇가지에 걸려
손짓하며 펄럭인다

10. 작은 연못

작은 연못
아직도 그대를
계명성
애달픔
잎새의 햇살
아가야 그네

작은 연못

떠오르는 봉긋 나팔 벌리듯
솟는 꽃봉오리 배꽃이었던가

잔물결 잡아 별님 수놓은
연꽃, 수반(水畔)위에 두고
진흙탕으로 변한 속세의 지꺼기를
오색 무지게로 맑게 씻어주네

성숙해진 만큼 배설물은 많아지고
당신이 보는 시선은
아름다운 만큼 미움과 시기로
얼룩진 질곡의 늪은 깊어 가는데

힘센 호랑이도 약한 토끼도 같이 뛰노는
빈들을 거쳐
작은 연못의 굴레를 갈대상자로 삼으니

옛 전에 아라랏 산의 언약으로
영롱한 당신이
날 건지기 위해
부르던 사랑의 찬미(讚美)였던가

* 갈대상자 - 방주(方舟) : 노아가 하나님의 계시로 만든 네모진 잣나무 배. 그의 가족과 짐승들을 이 배에 태워 모두 대홍수를 피할 수 있게 하였다고 한다.

* 아라랏 산 : 노아 홍수가 그치고 물이 감한 뒤 방주가 머물렀던 산.

아직도 그대를

앞만 보고 떠나는데
아쉬어 한번은 돌아설 때
그 초라한 어깨를
잊고 싶어
뒤돌아 보지 않기를

어느날 마로니에 길 위에
비친 당신의 모습은
푸른 햇살이었어

가지로 엮어 맺힌
잎사귀마다
보랏빛 계절은
오색 무지개 열매로
그대와 함께
꽃을 피었지

그 해 겨울은
숨 쉴거리 창호지로
바람 막았고

한줌 얽힌

미운정마저

사랑으로 눈구멍 내어

복수초* 잔, 비집지 않게

비워 두었네

* 복수초 : 복수초(福壽草)는 미나리아재비과에 속하는 여러해살이풀이다. 화자가 본 복수초는 봄을 알리는 꽃으로서 눈꽃속에 피는 꽃인데, 꽃이 노란 잔같이 생겨 누굴 기다리며, 만나서 차(복수초 잔)를 나누고, 애태우는 모습으로 그려봤다

계명성

비둘기 깃털같이 엮어진 방주(方舟)*들이 와카치나 사막을 거쳐 바라본 오아시스는 작은 흉상들로 소쿠리에 채우져 있어 썩은 무화과의 열매에 왕벌*들의 신음이라, 당신이 듣고 쉴새없이 입김을 불어 넣었습니다

담배 연기로 식음을 달래며 시장바닥의 양아치들로 전락한 유랑된 삶에 애환이 죽어가는 영혼의 휴지 조각위에 동그라미 두 눈동자를 찍어 새 생명을 그리어 그리움으로 애태웠습니다

예쁜 피노키오 뻥코를 부추기며 아기 걸음마에 반복된 입술로 숨찬 고행의 먼길마저 한낱 아녀자들의 아파트 상자안에 붙잡아 놓았으니 남은 것은 다 지나가는 타인들이었습니다

길가에 머물고 마는 산모의 진통이 숨결을 이동하며 오뚝이처럼 일어나 태고의 티끌 모은 사랑이 되살아 죽음이 있는 이곳에 날아가는 새들이 빛내려 새롭게 빗장을 열었습니다

저 계명성 불빛 따라 십자가로 바디를 엮어 메마른 대지위에 푸르도록 바라는 야자수의 꿈도 상처뿐인 빌딩가운데 비취빛 호수도 생명들로 이어 가도록 몸부림을 쳤습니다

마리아가 앉은 낙타위에 성좌잃은 나그네의 달님이 애초로이 미소로 비추며 소금처럼 쌓인 지난 사연들을 감싸듯이 새벽에 당신의 모래바람도 잔잔히 지나갔습니다

* 방주(方舟, ark) : 네모 반듯한 모양의 배. 노아가 대홍수를 피하기 위해 제작한 직육면체 무동력선(無動力船, 창 6:14-16).
* 와카치나 : 페루에 사막마을의 오아시스
* 왕벌 : 말벌, 성경 : 신명기 7 : 20

애달픔

당신이 그렇게 침묵한다고
하는 것은
이 사람 대신 사랑을 전하는데
눈물이 필요하겠지요.

비에 젖은
고혹한 분위기로
연출한다 해서
당신에게 가까이
갈 수 없습니다.

잊으려 애써도 안되는
요물덩어리!

처마 끝에 떨어지는
낙숫물이라도
애달프게
세어보는 심정으로
달래보지만,

눈물 젖은 저고리 가슴
마르기에는
시간이
당신을 기다려 주겠지요.

잎새의 햇살

지난 풍상에
꺾어진 가지위에 잎새처럼
떨어진 고독의 그림자

나머지 잘게 쓰린 미련은
세척하듯
소금 바람에 문지렀다

가까이서 맴돌던 맹꽁이
울던 긴 밤이 가도록
머물던 회한을
달래는구나

기다리다 지쳐버린
동백꽃 순정이
눈물마저 노을에 말라
목이 메이네

까맣게 쌓인
긴 밤에
모질게 스친 바람은
기다리는 새벽에
창가에 잎새의 햇살로
가까이 다가오네

아가야 그네

엄마가 사준 비옷
말리려 띄운 그네에

별빛 품은 아가야도
덩달아 몸을 싣고

채근거린 바람도
함께 신이 나서
힘껏 저었네

뒤 따라 온
동생, 아가야
분홍 꽃신 신고
넘어질 듯 뒤뚱뒤뚱

흰둥이도 덩달아
쫄랑쫄랑 꼬리치며
따라오네

11. 유리구슬의 꿈

꿈
어머니의 강
겨울나무 당신
그대 빈들
쓰린 눈물
연꽃
이슬 사랑
임의 바람
제비꽃
선운산의 연가
당신의 눈물

꿈

코흘린 아이는
은하수에 별자리 모아
옛인을 그려보네

먼 산 언저리에 걸처
비 구름 뒤 무지개를 향해
작은 구슬*로 비추어 품었네

반딧불이 동동 떠다닌
저무는 달밤
칠성별 담은 주걱을 엮어
옥녀봉 위
큰 바위 얼굴에 눈썹 칠했네

시냇가에 조약돌 모아
아지랑이 졸음 쫓고
푸른 꿈을 담은 종이배로
서천(西川)가에 띄어 보내리

* 작은 구슬 : 작은 구슬은 유리구슬을 말하는데, 화자의 어릴 때 방에서 유리구슬을 눈에 대고, 전구에 비추면 환상적이고 몽환적인 영상이 비추어지자 그것을 자라면서 꿈으로 키워왔다.

어머니의 강

어머니에게 시선을
아쉬워 떼지 못하여
푸른 방천둑(防川둑) 아래
초가집 불빛은

원치않는 시절에도
세파(世波)의 물결을
마다하지 않고

돗 배 키 세워
서천(西川)의
거친 바람 안고

당신의 강은
끝없이
눈물로
흘러 가는구나

- '유리구슬' 단편소설 내용과 관련 시

겨울나무 당신

날 위해 살갗을 도려내 틔운 꽃잎을 시름없는 서천 강물위에 띄어 보내리다

당신의 상처가 아물기전에 쓰린 나의 가슴을 부둥켜안고, 눈물 흘리는 그날을 잊지 못하리다

 혼을 불태워 지난 종이 조각난 사연들을 연기로 사르는 당신의 애통(哀痛)이 지금도 가슴에 뭉클 다가오고 있소

주름진 대지위에 몸뚱이 파이어 고랑메어 땀흘린 당신의 얼굴은 청순한 빈들에 들풀이었소

  빛 바랜 가을 노래로
  당신에게 결실을 안기고 싶고

  아직도 내 안에 당신은
  소중히 남아있는
  한 그루 겨울나무이었소

그대 빈들

바라보는 그대여!

내가 일어서 걸어 갈 수 있는 것은 다리의 힘이 아니라 그대가 지켜보는 믿음이었습니다.

거친 바람을 맞서며 가파른 언덕을 넘는 것은 그대가 시선을 떼지 않고 응원하는 열망이었습니다.

내가 하루하루 연명하며 숨을 쉬고 있는 것은 살기 위한 것이 아니고 가꾸는 당신의 기쁨이 되기 때문입니다.

그대의 잔주름 눈빛이 내 영혼이 설레는 밤인줄 그대는 아마 모를것입니다.

 바라는 그대여!

그대의 하루하루 생의 그늘 가운데 내가 있어야겠기에 나는 모진 칡뿌리가 되고 길가에 메밀 양식이 되겠습니다.

마주보는 식단에 그대의 헝크러진 머리칼, 진한 체취를 다시 맡고 싶구려!

단칸방에서 그대와 손을 잡고 동그라미 춤추며 그대의 행복이 되겠소.

당신의 잔여 씨들이 머무는 곳이 내가 진토(塵土)가 되기를…

  바람아! 불어다오!
  나는 시절을 쫓는 열매,

  밑거름되어
  그대의 빈들애 머물리라…

– '애써 떠나지 못하는 영혼' 수필 내용과 관련 시

쓰린 눈물

새벽 은빛 이슬에 젖어
입술이 파릇한 풀잎,
아침마다 새로워!

잠시 지나가는 시절도
잊기 어려워하기에
주체 못할 눈물이
안개 같이 앞을 가리누나!

이렇게 눈물로
괴로워하지 않으면,
꽃이 피어나고
열매 맺지 못하나니…

사랑에 씨앗 맺는 꽃잎마다
나비 부르고
꿀 향기 유혹의 입맞춤이여!

영롱한 꽃, 초점 잃은 미색 눈짓,
뒤에 오는 아픔의 눈물은 어찌하랴!

취한 벌, 불러오는 팔자 춤이며
날개 짓하는 둥근 가상꽃이여!

당신은 오롯이
초점을 향해 응시하는 눈빛이
그 시린 가슴이 더하여
초연함이 성숙에 이르기를…

이슬빛 꽃 쓰린 눈물은
쉴새 없이 가는 숨결을 이끄기에

당신이 바라는 동그라미 시선에
고개 숙여 응하리라!

- '아름다운 눈… 그리고 그 눈에 눈물, 수필 내용에 담긴 시

연꽃

물로 질곡 진
어두운 삶에 빛이던가

세찬 속세에 역겨운 바람 위
은은한 햇살로 품으니
빗물마저 씻기어 꽃향이 되네

자란 만큼 물들 세상
오물속에 청정(清淨)하게도
결실 위해 곱게
연분홍 연한 꽃으로
필레라

쉴 새가 없는 진흙,
주변 물방울의 접근에
넓은 잎으로 보듬으며
긴 줄기로 버티어
오랜 인연 붙들고
그저 둥굴게 같이 가자하네

연못 밖 그리움에
오늘도 먼 시린 시선마저
곱기도 한 환한 얼굴로
하얀 미소 띄우네

이슬 사랑

당신의 지난 상흔은 모두 사랑이기에 이렇게 남은 것은 눈물 뿐이니, 이슬 머문 곳에 꺼저가는 당신의 숨소리, 다시 소생하기를…

이른 아침 머플러 씌운 물안개, 붉은 잎, 입 맞추고, 해 뜨면 굽이 굽이 물결처럼 사라져, 내일 새벽이면 다시 만날 수 있을까…

이슬 사랑이여!

길가에 연년이 피는 풀꽃도 짧은 이슬 사랑에 비하랴!

저 동산 언덕 위에 어둠이 깔려 올 때, 이 고적한 마음, 어느 곳에 둘 곳이 없어 이른 아침, 들새 소리에 반가운 임인가? 귀 기울어 보네!

어딘가? 날 찾는 이의 눈물이 떠도는 구름 되어 흘러 가는구나!

이대로 한탄하랴! 동녘이 밝아오니, 바람에
스친 외로움도, 잠깐 지난 연정의 추억도, 한
순간인걸…

    지는 해는 다시 뜨되 이슬 맺힌 사랑은
    이곳에 오래도록
    마르지 않고 머물러 있기를…

임의 바람

당신은 빈자로 하여금
사랑하는 모든 것을 잊으라 하네

비우라 하면서 텅빈 공간은
신령한 것으로 채우라 하네

버리라 하면서 비어진 곳간은
하늘 양식으로 넘친다 하네

털어 버림에서 오는 진통은
더한 생명의 열매를
맺기 위함이어라

잦은 서리는 뒷맛을 알리는
늦가을 임의 섭리요

선택을 시험한 선악과는
임의 의지이며 사랑이라

긴 밤 회포의 정이
새 생명으로 탄생되고

에덴동녘이 밝아
떠나는 임의 옷자락
눈물로 잡네

겨울문턱에 홀로서서
기다리지 않는 임에게
꽁지연 띄어
소식 전하리

어느 봄날 십자가의 꽃
으아리 언덕 너머
임의 발자국 소리에

옷고름 수줍어 매며
마중 나아가는
설렘이어라

* 빈자(貧者) : 가난한 사람. 화자를 부르기 쉽게함.
  － '마지막 여행' 소설 내용과 관련 시

제비꽃

눈이 씨리고
이슬 머물러
영롱한 빛
발한 옷 입고서도

주위 끌기보다
수줍음으로
고개 숙인 너,
들길에
보라색 꽃이여!

흰꽃, 노란꽃으로
여름지나
찬 서리 들에
눈발 날리는데,

당신의 맑은 보라색 눈을
둔 곳,
오직 하늘에
별빛 그리워!

부르는 임이여!

제비꽃으로 덮이어
살포시
푸른 담쟁이* 빛
바람 되어

봄의 언덕으로
이끌어 주오!

* 푸른 담쟁이 : 푸른 것은 '청'이고, 담쟁이는 '라'로 표현
하여 '청라'임. 예) 청라언덕(대구에 있음.)

선운산의 연가

그냥 살다 숨은 동백꽃
가파른 세상 어디 메(산)인고

가늘게 여린 숨결처럼
그리워하며 살다가
눈바람 맞으며
애달프게 가련가

어릴적 꿈의 성밖
선운산 산기슭에
나 앉아 불러보고 싶은 노래
지난 만리(萬里)
변방(邊方)의 설움이어라

이제 못잊어 겨울너머
명사십리 지나
갯벌의 소금 발자국 흔적

옛 인 찾다가 가버린
서글픈 도솔곡(兜奉谷)의 영혼이여

서럽게 흘린 눈물
마애불의 배꼽 미소에 지워버리리라

이제 안고 가리라 어희야
너울너울 얽힌 낙조대의 사연도
저 수리봉의 시선이
서해(西海)의 노을에 잊어 가리라

날아라 나비야 훨훨
나도 같이 가련다
진눈개비마저 훨훨 저 멀리

− 「여인의 강」 장편소설내용에 담긴 시

당신의 눈물

공허하게 큰 소리 치면서 돌아선 당신의 어깨 위에 긴 흐느낌은 웬 말인가요.

당신의 그늘로 항상 곁에 있는데 저더러 외롭다 하는가요.

영혼이 떠돌아도 당신의 체취가 있기에 깊은 잠에서 꿈길, 당신과 함께 미로의 옛 길을 걷고 있습니다.

어느날 갑자기 생사의 갈림의 좌치나루터* 강변 너머 죽음의 사선에서 늘 가까이
당신이 숨쉬고 있는데도 저더러 슬프다 하는가요.

눈물이 샘솟듯이 흐르는데 쉽게 마른다 하면서 당신의 눈에는 눈물이 가시지 않고 있었습니다.

새벽 창에 달빛 그림자가 어스름하게 비추기 까지 이내 타는 가슴이 그리움의 입김으로 뿌옇게 쌓여 갔습니다.

마침내 당신의 거울 앞에서 별빛 사리가 쏟아져 처연(悽然)하게 서 있는 저를 왜 떠도는 넋이라 하는가요.

아직도 잊지 못해 당신을 위해
살아서 애써 웃음 짓고 있는데…

* 좌치나루터 : 전라북도 고창군 심원면 용기리와 고창군 부안면 선운리 고룡동을 연결하던 조선 시대 나루의 터. 좌치나루터는 옛 무장현[현무장면]과 흥덕현[현 흥덕면]의 해안을 연결하는 나루로, 외부 소금장수들이 질마재를 넘어 무장현의 해변에서 생산되는 소금을 사러 다니며 강을 건너가고 하였음. 풍수로 꿩이 앉는 형국이어서 좌치나루터라고 한다.

— 「여인의 강」 장편소설내용에 담긴 시

MEMO

MEMO

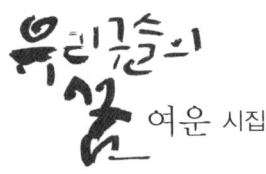 여운 시집

초판 인쇄	2024년 10월 29일
초판 발행	2024년 11월 5일

지 은 이	여운
펴 낸 곳	도서출판 책나라
등 록	110-91-10104호(2004.1.14)
주 소	㉾ 03377 서울시 은평구 녹번로 3가길 14, 라임하우스 1층 101호
전 화	(02)389-0146~7
팩 스	(02)289-0147
홈페이지	http://cafe.daum.net/sinmunye
이메일	E-mail / sinmunye@hanmail.net

값 13,000원

ⓒ 여운, 2024
ISBN 979-11-92271-37-8

* 이 책 내용의 전부 또는 일부를 재사용하려면
  저작권자와 도서출판 책나라 양측과 협의하여야 합니다.
* 저자와의 협의에 의하여 인지를 생략합니다.
* 파본은 구매 서점에서 교환하여 드립니다.